F. Isabel Campoy

Alma Flor Ada

Celebra el Cinco de Mayo

con un jarabe tapatío

Ilustrado por **Marcela Gómez** y **David Silva**

loqueleo

—¿Todos listos? —pregunta la maestra—.
¡Vamos a bailar el jarabe tapatío!
Recuerden que no deben pisar el sombrero…

Dos pasitos adelante,
otro paso para atrás,
un saludo muy galante,
un saludo y nada más.

Cómo repican las botas
al zapatear en el suelo.
Baila, que no están rotas,
baila el jarabe entero.

4

—¡Frank! —gritan los niños—.
¡Pisaste el sombrero!

—¡Ay, lo siento! —exclama Frank
avergonzado.

Dos pasitos adelante,
otro paso para atrás,
un saludo muy galante,
un saludo y nada más.

6

—¡Juan! —gritan los niños—. ¡Pisaste el sombrero!

—¡Ay, lo siento! —exclama Juan avergonzado.

"El respeto al derecho ajeno es la paz"

Batalla de Puebla

1862

Don Benito Juárez

Los niños han estudiado
a muchas personas famosas.
Han dibujado, han cantado
y han aprendido mil cosas.

¡La escuela está llena de colores!
Entre todos la han decorado
con piñatas, globos, flores
y banderines de papel picado.

9

Cómo repican las botas
al zapatear en el suelo.
Baila, que no están rotas,
baila el jarabe entero.

—¡Leo! —gritan los niños—. ¡Pisaste el sombrero!

—¡Ay, lo siento! —exclama Leo avergonzado.

Ha llegado el 5 de mayo,
el día de la celebración.
Después de todo el ensayo
va a comenzar la función.

Llegan muchos familiares.
Padres, tíos, primos y abuelos
llenan todos los lugares,
y hasta hay niños en el suelo.

—Esta vez sí tienen que poner cuidado porque este sombrero es muy especial —dice la maestra.

Dos pasitos adelante,
otro paso para atrás,
un saludo muy galante,
un saludo y nada más.

Cómo repican las botas
al zapatear en el suelo.
¡No me pises el sombrero!
¡Mira que era de mi abuelo!

¿Crees que consiguieron bailar el jarabe entero sin pisar este sombrero?

15

¿Qué es el Cinco de Mayo?

El Cinco de Mayo es un día muy especial para los mexicanos. Ese día celebran su amor por la libertad. ¿Cómo? Disfrutando y mostrando con orgullo todo lo fabuloso que tiene su cultura.

19

América
del Norte

México

Francia   Europa

El Cinco de Mayo se recuerda la victoria
de México sobre Francia en la Batalla de Puebla.

Francia es un país de Europa. México está en América
del Norte. En 1862, Francia invadió México.

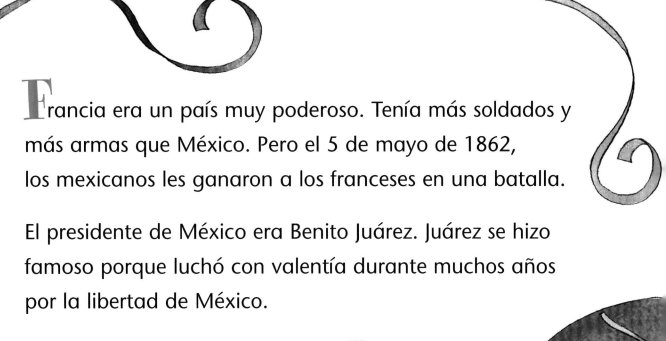

Francia era un país muy poderoso. Tenía más soldados y más armas que México. Pero el 5 de mayo de 1862, los mexicanos les ganaron a los franceses en una batalla.

El presidente de México era Benito Juárez. Juárez se hizo famoso porque luchó con valentía durante muchos años por la libertad de México.

OREGÓN

COLORADO

CALIFORNIA

ARIZONA

NUEVO
MÉXICO

TEXAS

NUEVA YORK

ILLINOIS

En Estados Unidos hay muchos mexicoamericanos. Por eso, el Cinco de Mayo se celebra en muchas partes de este país. Las fiestas más grandes se hacen en los estados de Oregón, California, Arizona, Colorado, Nuevo México, Texas, Illinois y Nueva York. Otros latinos también participan en la celebración.

Ese día se adornan las calles y las plazas. Por todas partes podemos ver los colores de la bandera de México.

Se bailan danzas típicas de México. Los mariachis salen a tocar. ¡Todo es alegría!

En algunas ciudades se hacen representaciones
de la Batalla de Puebla. Los participantes se disfrazan
de soldados mexicanos y franceses. ¡Por supuesto,
los mexicanos siempre ganan!

Muchas personas festejan este día en familia.
Es un buen día para vestirse con trajes típicos
de México.

Todos juntos preparan deliciosos platillos mexicanos. Cocinan tacos, empanadas, quesadillas, enchiladas y muchas otras cosas. ¿Has probado alguna de estas comidas? ¡Son riquísimas!

En la fiesta del Cinco de Mayo, los niños rompen piñatas. Las piñatas se hacen con papel de colores y se rellenan con caramelos.

La fiesta termina en la noche con brillantes fuegos artificiales.

La cultura mexicana tiene muchas cosas maravillosas. El Cinco de Mayo es un día para aprender mucho sobre esta cultura, ¡y divertirse!

Presentación de danza folclórica mexicana durante el Festival del Cinco de Mayo en Olvera Street, Los Ángeles, California.
© Richard Cummins/CORBIS

Elenco de una representación de la Batalla de Puebla en el Festival del Cinco de Mayo en el Parque Histórico Estatal Old Town, San Diego, California.
© Richard Cummins/CORBIS

Presentación de danza folclórica mexicana durante la celebración del Cinco de Mayo en Pasadena, California.
© Robert Landau/CORBIS

Dos niñas ataviadas para celebrar el Cinco de Mayo en Baja California, México.
© Dave G. Houser/Post-Houserstock/CORBIS

Espectadores del Desfile del Orgullo Mexicano en Chicago, Illinois.
© Sandy Felsenthal/CORBIS

Padre e hijo celebran el Cinco de Mayo en Pasadena, California.
© Robert Landau/CORBIS

Fajitas, plato típico mexicano.
© Bruce Smith/Fratelli Studio/CORBIS

Exhibición de ingredientes de la comida típica mexicana en Michoacán, México.
© Charles & Josette Lenars/CORBIS

Presentación de un mariachi mexicano durante el Festival del Cinco de Mayo en Olvera Street, Los Ángeles, California.
© Richard Cummins/CORBIS

Una familia mexicoamericana disfruta unos tacos caseros.
© George Ancona

Soldados franceses atacan el Fuerte Guadalupe en Puebla, México. Grabado de 1883.
© Bettmann/CORBIS

Un grupo de niños disfruta una fiesta con piñata.
© Royalty-Free/CORBIS

Benito Juárez, presidente de México en 1860-1863 y 1867-1872.
© CORBIS

Piñatas en un mercado de Puerto Vallarta, México.
© Kelly-Mooney Photography/CORBIS

Presentación de un mariachi en San Antonio, Texas.
© Doug Wilson/CORBIS

Fuegos artificiales.
© Paul Freytag/zefa/CORBIS

Un grupo de bailarinas listas para su presentación en la celebración del Cinco de Mayo en Pasadena, California.
© Robert Landau/CORBIS

Unas gemelas anglosajonas disfrutan la celebración del Cinco de Mayo en Olvera Street, Los Ángeles, California.
© Joseph Sohm; ChromoSohm Inc./CORBIS

Espectadores del desfile del Cinco de Mayo en la Ciudad de Nueva York.
© Catherine Karnow/CORBIS

Celebrar y crecer

A lo largo de la historia y en todas partes del mundo, la gente se reúne para celebrar aniversarios históricos, conmemorar a alguna persona admirable o dar la bienvenida a una época especial del año. Detrás de toda celebración está el reconocimiento de que la vida es un don maravilloso y que el reunirnos con familiares y amigos produce alegría.

En una sociedad multicultural como la estadounidense, la convivencia entre grupos tan diversos invita a un mejor conocimiento de la propia cultura y al descubrimiento de las demás. Quien profundiza en su propia cultura se reconoce en el espejo de su propia identidad y afirma su sentido de pertenencia a un grupo. Al aprender sobre las culturas ajenas, podemos observar la vida que se abre tras sus ventanas.

Esta serie ofrece a los niños la oportunidad de aproximarse al rico paisaje cultural de nuestras comunidades.

El Cinco de Mayo

La celebración del Cinco de Mayo siempre nos llena de alegría y orgullo. Una de las cosas que más disfrutamos son los bailes. El baile es muy importante en esta celebración. Nosotras hemos tenido la suerte de ver la actuación en vivo de muchos grupos folclóricos mexicanos, y siempre nos han encantado la diversidad de sus bailes y la belleza de sus alegres y coloridos trajes.

Además, hemos querido ser más que espectadoras… Cuando nuestro amigo el fotógrafo mexicoamericano George Ancona nos pidió colaborar en su libro *Mis bailes/My Dances*, ilustrado con fotos de personas de todas las edades, Isabel le pidió a su vez a George que le enseñara a bailar el jarabe tapatío. Ojalá podamos pronto bailar con gracia y destreza alrededor del sombrero, ¡sin pisarlo, claro!

F. Isabel Campoy y Alma Flor Ada

A María, Irma, Alice y Tencha,
maestras de la alegría y la amistad.
FIC

A Vienna Rose y Kellen Vance, Jayden y Sierra Vance,
que la música viva siempre en sus corazones.

AFA

loqueleo

© This edition:
2017, Santillana USA Publishing Company, Inc.
2023 NW 84th Ave
Miami, FL 33122
www.santillanausa.com

Text © 2006, Alma Flor Ada and F. Isabel Campoy

Editor: Isabel C. Mendoza
Art Director: Mónica Candelas
Production: Cristina Hiraldo

Loqueleo is part of the **Santillana Group**, with offices in the following countries:
ARGENTINA, BOLIVIA, BRASIL, CHILE, COLOMBIA, COSTA RICA, DOMINICAN REPUBLIC, ECUADOR, EL SALVADOR, GUATEMALA, MEXICO, PANAMA, PARAGUAY, PERU, PORTUGAL, PUERTO RICO, SPAIN, UNITED STATES, URUGUAY, AND VENEZUELA

Celebra el Cinco de Mayo con un jarabe tapatío
ISBN: 978-1-63113-876-8

Published in the United States of America
Printed in USA by **Bellak Color, Corp.**

20 19 18 17   1 2 3 4 5 6 7 8 9

Library of Congress Cataloging-in-Publication Data

Campoy, F. Isabel.
        Celebra el Cinco de Mayo con un jarabe tapatio / F. Isabel Campoy, Alma Flor Ada; ilustrado por Marcela Gomez y David Silva.
        p. cm. — (Cuentos para celebrar)
        Summary: As students prepare to celebrate Cinco de Mayo, they practice a Mexican dance and try their best not to step on the hat. Includes facts about the holiday.
        ISBN 1-59820-118-2
        [1. Folk dancing, Mexican—Fiction. 2. Dance—Fiction. 3. Schools—Fiction. 4. Spanish language materials. 5. Stories in rhyme.]
I. Ada, Alma Flor. II. Gomez, Marcela, 1973-   , ill. III. Silva, David, 1975-   , ill. IV. Title. V. Series.

PZ73.C345 2006
[E]—dc22   2006013187